마음이 걷는다

대표 詩노래 큐알로 감상하기

창작동네 시인선 200

마음이 걷는다

인   쇄 : 초판인쇄 2025년 12월 10일
지은이 : 이경희
펴낸이 : 윤기영
편집장 : 정설연
펴낸곳 : 노트북 출판사_
등   록 : 제 305-2012-000048호
본   사 : 서울시 동대문구 사가정로 256-4호 나동 B101
전   화 : 02-831-5832 팩시밀리 02-844-5756
H   P : 010-8263-8233
이메일 : hdpoem55@hanmail.net
판   형 : 신한국판형 P144 130-210

2025년 12월 10일 마음이 걷는다 이경희 제1집

정 가 : 12,000원

ISBN : 979-11-24140-01-7-03810

*저자와의 협의로 인지는 생략합니다.
*잘못된 책은 교환해 드립니다.

시인의 말

 [마음이 걷는다] 라는 제목으로 첫 시집을 마주하게 되어 많은 설렘이 가득합니다. 만추의 곡식을 담아내고 풍요로운 계절에 첫 시집을 출간하게 되었습니다. 많은 시간과 공간을 초월한 지금에서야 늦은 소박한 첫걸음을 띄웁니다. 우물 안 개구리가 문단에 늦은 등단을 하게 된 동기는 남편 그늘을 벗어나지 못하고 일상에서 홀로서기를 못 하는 아내의 걱정스러운 남편의 표정에서 시작되었습니다.
 수년간 문인 생활로 문학에 한 소절이라도 도움 주며 만나 희로애락을 같이 하면서 우리 문인들의 취미가 같고 노후까지 언제나 같이 할 수 있기에 한 분 한 분 소중함을 느끼며 활동하고 있습니다.
부족하지만 용기를 낼 수 있게 도와주신 여러 선생님들께 감사와 행복을 기원드립니다. 독자님의 오랜 기억 속에 시인으로서 향기로운 많은 사랑 부탁드리며 세상의 시인님들의 건필과 문운 널리 퍼지시기를 응원 느립니다.
"마음이 걷는다" 시집 제작과 편집을 맡아 많은 노고를 아끼지 아니하심이 한권의 시집으로 출간할 수 있었음을 감사히 생각하며 저의 시집을 읽어 주시는 독자님들께 언제나 행복과 행운이 가득 하시기를 소망합니다.

2025년 12월 다경/ 이경희 올림

목 차

1부. 부서진 반쪽

010...부서진 반쪽
011...새벽 귀
012...황혼
013...지리산 자락
014...굴곡진 소리
016...남자男子라서
018...시커먼 물안개
019...하늘 문門
020...아름다운 죄
021...마음 편지
022...지나가는 비
023...외면
024...바람아 굴러라
025...삶의 비
026...인연 줄
027...침묵
028...번개의 빛살
029...벚꽃 바람
030...황혼의 여백
031...삶의 여정
032...꽃바람
033...고된 사랑
034...심마니
035...그대 숨결
036...잎새의 사랑
037...세월 앞
038...생명

039...하늘나라
040...눈꽃
041...겨울밤

2부. 거울

044...거울
045...평온한 공간
046...오늘도 행복하세요
047...울타리 꽃
048...너의 기억
049...이별
050...끈적이는 형상
051...들숨 날숨
052...울음소리
053...하현 망간 달
054...낯선 세월
055...반환점
056...애달픈 아픔
057...녹 익은 구름
058...보랏빛 연정
059...서글픈 연가
060...거문고
061...당신의 시간
062...주름진 침묵
063...삶의 욕망
064...첫사랑
065...미지의 세계
066...보물
067...사랑
068...낯익은 불빛
069...애인愛人

070...부푼 가슴
071...빗방울

부3. 임 마중

074...임 마중
075...외外 바람
076...한강 수水
077...느긋한 행보
078...빨간풍선
079...빨간유혹
080...가림막
081...파도 소리
082...옹이
083...달력은 시간이다
084...새빨간 거짓말
085...마음 한가닥
086...모두의 고향
087...욕망
088...역행逆行
089...오늘의 빛
090...존재
091...윤회輪廻
092...두 그림자
093...방황의 환란
094...웨딩마치(wedding march)
095...마음 마당
096...비단길
097...가을 영혼
098...초 가을바람
099...가을의 잔상
100...가을 벌판

101...가을 노숙자
102...촛불
103...블랙 호텔
104...종족 본능
105...잡을 수 없는 인연
106...기적소리
107...누런 봉투
108...착각
109...그 시간
110...허공 북소리(시화)

4부. 고독이 밟혀도

112...고독이 밟혀도
113...추남 추녀(시화)
114...골목대장 오빠
116...달
117...풍경소리(시화)
118...신발
120...봄의 여신
121...노을
122...반상회
123...[시해설]_흔들림을 잡아주는 미학의 성찰
『마음이 걷는다』 다경 이경희 시집_평론가 윤기영

1부. 부서진 반쪽

아련하던 모습마저 희미한
형상 지긋이 내려다보는 반달의
눈초리가 매섭다

　　　　　　부서진 반쪽 중

부서진 반쪽

작사 이경희

흔적 없던 바람 가슴에 와 박혔다

말 없는 산천꽃 낙엽으로 울고 웃고
무딘 시간 묵언 띠 두르고 고목으로 서 있다

아련하던 모습마저 희미한
형상 지긋이 내려다보는 반달의
눈초리가 매섭다

어느새 부서진 반쪽의 영혼
둘러보니 본래 나인 것을 새삼스레
채우려는 욕망의 장난에 오늘 밤도 애달프다

후렴

아련하던 모습마저 희미한
형상 지긋이 내려다보는 반달의
눈초리가 매섭다

어느새 부서진 반쪽의 영혼
둘러보니 본래 나인 것을 새삼스레
채우려는 욕망의 장난에 오늘 밤도 애달프다

새벽 귀

작사 이경희

발밑에 부서지는 이슬
밤새 메말랐던 가슴 흠뻑 적신다

참새의 기지 개소리
새벽 귀 간지럽히니
앞산 해님 뒤척이며
눈곱 떼고 빨간 얼굴
눈부시게 고개 든다

용마루 비둘기는
사랑 노래 흥겨운데 손잡아 줄
사람도 없이 외로움에 지친 몸이다

긴 하루가 시작되고
내 임은 어디 있나 달싹이는
입술 당신의 안부를 묻는다.

다경 이경희

황혼

바람에 밀려 산 넘고 강 건너
사연 많은 보따리 풀어 놓은
부둣가는 애증을 갈구한다

날아다니던 청춘 패인
가슴골에 아픔을 묻고
어느새 친숙해진 붉은 구름다리
홀로 건넌다

축 처진 날갯짓으로
익숙한 설움에 빠져들어 간
눈동자 아리고 아리다

서산 향해 수줍게 물든 수평선
넘어간 젊음이 파르르 떠는 물결 속이
내 집인 양 드나드는
농익은 마음 애써 다독인다.

*문학예술 저작권 제727117호

지리산 자락

작사 이경희

아름다운 지리산

눈부신 천왕봉 반야봉 빛이 가슴에
살며시 헤치고 들어오니 속세의 번뇌
바람 따라 훨훨 떠나가네

삶의 한켠 비워두고 지리산 자락에
길 손되어 푸른 숲으로 들어오니
여기가 무릉도원 천국일세

뭉게구름 노고단에 수를 놓고
칠선계곡 흐르는 물 하얀 물꽃 피우며
시원하게 잘도 흘러 가는구나.

*가곡 등단작

다경 이경희

굴곡진 소리

낭송 정설연

소리 없이 왔는데 발자국이 따라왔다
내 것이 아닌 소유욕은
바람 같은데 어찌 내 것이라 하겠는가
구름은 해가 지는 줄도 모르고
감기지 않는 눈으로 강물에 헤엄치는
물고기 근심도 눈물도 없다

인간 세상 내것 네것 아귀다툼
소리 내니 못난 사람 하나도 없네
앉은뱅이 일어서는 날 큰소리 한번 쳐볼까
이리저리 기회 보고 까막눈에
지식은 하늘을 찌르고
인간의 겸손과 배려는 아는지 모르는지
모두 잘난 사람 세상이다

눈높이 맞는 사람끼리 툭 터놓고
빈 곳 채움 하며 서로 위안 삼아 인생사
논해본들 역시 지구도 돌고 시곗바늘도
돌듯 너도 돌고 나도 돌고 살짝 돌아야
제대로 살맛 나는 세상이다

오늘도 돌다 보니 자정이 넘었네
꿈의 궁전 넘나들며 여왕 마마 되고픈 밤
이 또한 욕심에 불과한 허망한 소용돌이 꿈이어라.

다경 이경희

남자男子라서

낭송 차경녀

사랑 봇짐 짊어지고
임 찾아 나선다
굽이굽이 넘는 고갯길에
그리운 정거장을 짓고

아리랑 고개
쓰리 쓰리랑 고개
깔딱 고개 헐떡이고
넘고 넘다 보니
고갯길도 평지 길로 보이네

사랑했던 여인 그리워
흘린 눈물에 무너질 것 같아
어금니 꾹 깨물어가며 묵직하게 참아
슬픔과 고독을 꿀꺽 삼킨다

가끔 던져주는 숨소리만으로도
충분히 견딜 수 있는 맷집은 두둑해지고
까만 밤을 하얗게 긁고
울컥울컥 먹먹하게 세상 풍파 이겨내지만

남자이기에, 남자라서

한 여인을 사랑한 죄 그리워한 죄
못 견디게 보고 싶어
둥근달에 님의 화용 담아내며
앙상한 나뭇가지 흔들림에 그녀가 손짓하네

갈대숲 희뿌연 안개 속으로 몽상 간지럽힌다.

다경 이경희

시커먼 물안개

낭송 정설연

목젖을 광란으로 떨고 목메게 우는
묵언이 애처롭다

쓰디쓴 맛을 친숙한
친구로 벗 삼아 누구를 똑 닮은
텅 빈 하늘 덮고 누우니

따스한 고드름이
이웃한 어금니들을 뜨겁게 포옹한다

시커먼 물안개
막 내린 공포에 몸통을 관통하는
가슴 떨림이 끝이 없다.

하늘 문門

오색 능선 따라 고운 눈길 주다 보니
잡힐 듯 말 듯 한 하늘 선과 마주하네

빚어낸 듯 아름다운 저 산봉우리
눈에 담으니 멀기만 했던 하늘 문이
이다지도 가까울 줄은 까맣게 몰랐네

어느새 서쪽 하늘에 자리한
붉은 노을이 내 마음의 안식처인 양
드나들 줄도 몰랐다네

못내 아쉬운 이 붉은 마음은
저 푸른 창공에서 찾으리.

다경 이경희

아름다운 죄

사랑 세월은 흐르고 흘러
아름다운 죄로 살아온 여정이
노을 앞에 아롱지네

달이 해를 가리듯이
겨우 엮어 낸 추억 몇 개를
달구어진 달빛에 녹여내며
사라질 것을 부여잡고 애태우던
시절 또한 허허로움이어라

물을 넘치게 하는 것은
마지막 한 방울로 넘치는 대로 버린다

사랑 항아리에 담긴
아름다운 죄 후회는 하지 마시게나.

마음 편지

수평선 푸른 물에
조각구름 담아
애달픈 마음 편지
바람결에 실려 보낸다

어디쯤 있을까

그대 머문 자리 바람 불어 오면
애타는 그리움 기억해 주오
임 부르는 소리 메아리로 울려 퍼져
그대와 내 사랑 영원하리.

다경 이경희

지나가는 비

먹구름이 던져주던 흠뻑 젖은
요동치는 심상 누구를 원망하랴
갈 수 없는 보이지 않는 허망함이
목메게 차오르는 울분을 토해낸다

영원하지 않기에 아름다운 오늘
다시 오지 않기에 소중한 지금
아련한 모습조차 외면한 채
깊은 사연에 빠져든다

그녀의 수심 가득한 깊은 침묵은
강력한 힘을 지녔다 엄습 해오던
떨림의 순간은 유유히 지나 홍등
밝힌 서산의 붉은 미소가 앞길 터준다.

외면

마음 한쪽 비워 너를 받아들인다
외면하며 닫힌마음 활짝 열린다

귀뚜라미
노래 장단에
너울대는 나뭇잎
춤 사위로 애절한
손짓 마음에 경련 일어나네

자연 바람 소리에 귀 기울이고
고개 들어 드높은 푸른 하늘
토실토실한 뽀얀 볼살에 입맞춤한다

행복 하룻길 빚어내고
가슴골 패인 고랑을 메꾸어 간다.

다경 이경희

바람아 굴러라

너를 맞이하며 구른다
때로는 상냥하게
불어와 살갑게 함께 구른다

심장이
먹물이 되도록
심술궂은 먹구름
비바람 몰고 온 그날도

흠뻑 젖은 심상
눈물로 쏟아내며
삶의 진리 환희를 주었네

이 바람 저 바람
마음대로 몰고 오너라
모두 받아 같이 굴러주리.

삶의 비

비릿한 언어
쏟아내는 망언 소리
가랑비에 옷 젖듯 눈물 고인다

자박자박 소리 밟고 처마 밑
낙숫물에 마음마저 젖어버린
바닥 애무하듯 보듬는다

휘파람 불며 지나가는 가을비
둥지 없는 참새도 주저앉아
갈길몰라 방황하는 노숙자 같다

한 시절 슬픔 가득
머금던 짧은 통곡이었다
고추잠자리 비행에 지나간 설움도
코스모스길이 하늘하늘 웃어준다.

*세상 모든 명언

다경 이경희

인연 줄

삭아 버린
보잘것없는 인연 줄
끊어질세라 부여안고
가슴 졸인 무심한 세월 속에

식지 않은 열정으로 줄줄이
피어나는 능소화는 하늘만 바라본다

애타는 소망으로 고개를 든
희망의 절박한 애원은
한 여인의 소박한 질긴 인연 줄이라네.

*능소화 꽃말_여성, 명예, 이름을 날림.

침묵

길었던 하루가 저물면
침묵할 시간도 필요하다

해님 서산 너머 뚝 떨어지고
고요한 밤 덩그러니 달님도
침묵으로 매달려있네

한낮에 지저귀던 새들도
매미의 우렁찬 울음소리도
조용히 웅크린다

여름밤 지키는 귀뚜라미
홀로 여름 노래 부른다.

다경 이경희

번개의 빛살

가슴 가득 꿈틀대는 뭉글거림은
끓고 있는 팥죽처럼 빽빽한 기포에서
뜨거운 한숨을 토해내며
시뻘건 기운을 품은 용암처럼
솟구친 마음 소용돌이 멈추지 않는다

번개의 빛살이
온몸에 세포가 전율하고
천둥 울음소리에 가슴은 잔잔히 떨린다
시간이 뭉그러져 있고
추억도 뭉그러져 섞였다

얽혀 뭉쳐진 외로움과
고독은 슬픔에 뒤척이고
온 곳 몰라 길 잃어
갈 곳도 몰라 방황한다
비늘 물결 품은 강이 되어
서서히 용 앓이를 한다.

벚꽃 바람

내 사랑 모른 채
산으로 갔으니 그늘이네
공 산야 월 달 뜨기 전
서산해 기울어 붉게 짙어 간다

앉을 자리 설 자리
다툼에 눈동자 분주하다

정녕 가시옵니까
나를 두고 가시옵소서
깜깜한 길 불 밝혀 드리오리까

숨어있던 내 세월도 꽃길이었소
뿌려놓은 꽃길 짓밟고
산으로 가는 당신은 벚꽃바람.

다경 이경희

황혼의 여백

저 하늘 웃음꽃 살며시 던져주네

하룻길 걸터앉아
산새들 지저귐도 애달픈
노랫가락으로 들려온다

바람이 넌지시
한마디 던지고 가네
인생사 울고 웃는 희극이라고

시곗바늘 따라 돌고 도는
황혼의 여백이 여유롭다.

삶의 여정

내 마음 읽어주는 사람 있어 행복합니다
살아있는 잔잔한 숨소리에 행복합니다

당신의 고뇌에 찬 삶을 보듬을 수 있는
넓은 가슴이 있어 행복합니다

비바람에 맞서가며
세월은 속절없이 잘도 간다

수평선 붉게 물들인 수줍은 노을길 따라
유유히 가는 세월 믿고 흘러 가봄세.

다경 이경희

꽃바람

한 조각 님의 얼굴

가슴에 그려놓고
부풀어 오른 가슴 활짝 여니

초점 없는
멍한 허공으로
안개 되어 가버린 꽃바람

어디로 가는가
발자국도 없네.

고된 사랑

누구에게나 공평하게 주어진
시간이지만 허상 가득 붙잡았었다

희망을 가득 안고 꿈을
펼치건만 허송세월 고된 사랑
이어지고 부질없는 마음도 내려앉는다

청산이 무어라 하던가
사랑도 이별도 아픔도 애증도
모두 다 놓고 가라 하네

이생에 남은 나머지 시간
묵묵히 사랑하리라.

다경 이경희

심마니

일곱 색깔 화선지 산 중턱에 맞닿고
신비스러운 다리 건너 오색단풍과
아름다움을 견주어 보네

산사의 풍경소리 경쾌하게 나를 부른다
노스님의 쉰 목소리 염불 목탁 두들기는 박자에
숙연해진 마음 달랜다

가을 산 심마니의 심봤다 메아리에
산삼 한뿌리 입안에 향기 진동하고
산머루 다래의 새콤달콤 맛 본다

가을비 지나간 자리 고운 햇살에
무지갯빛 어루만지며 피어오르는
안개 속에 님의 화용 애써 찾아본다.

그대 숨결

하얀 그리움 쏟아지는
높다란 하늘 유혹에 빠진다

작은 마음 실어
비늘 물결 반짝이는 크나큰
물고기에 실려 바람결에 잘도 가누나

목메게 불러대는 임 찾는
그대 숨결이 들려오고 떠밀리 듯
강변 정거장에서 재회한다.

다경 이경희

잎새의 사랑

어느 날 외로움에
속아 그대를 사랑했었어

당신이 가버린 후
나 홀로 또 고독에 젖어 들었지

철이 들었나 봐 혼자 견딜만해
떠나버린 당신이 발밑에 바스락거리네

우리는 시절 인연이었어
사랑에 속아도 다가올 운명
망부석 되어 훗날을 기약한다.

세월 앞

알뜰히 모아두었던 소중한 것들
누구에게나 공평하게 주어진 시간이었다

바람이 앞장 서주고
너도나도 꽃물 들여있던
홍조 띤 양 볼이 수줍다

저 산기슭에 걸터앉은 구름
힘겨운 세상살이 싣고 깔딱 고개
잘도 넘는구나

안타깝게 남은 마음 두들기니
쇳덩이도 세월 앞에 삭아 주저앉는다.

다경 이경희

생명

겨우내 동면하고
꽃샘바람에 날아갈 듯
기지개 펴며 삐죽거린다

차가운 매질에 손
흔들어 보지만 보아주는 이 없다

속옷을 벗겨대는 손가락
장단에 맨살의 시림을 톡 쏘는 향
뾰족한 원망의 눈초리로 바라본다

옷을 벗어야만 사랑받을 수 있는
운명을 맞이하며
벗겨진 채 뽀얀 속살
수줍은 미소 짓는다.

*원관념_마늘

하늘나라

바람이 등을 밀어내며 쓸려간다
발자국마다 한 많은 사연 남기고
뒤돌아볼 새도 없이
아쉬움 남기고 끌려간다

바람이 할퀸 세월
내려놓고 아무도 없는
미지의 세계로 이사를 간다
그곳은 별천지 세상이런가

주소도 없는 그곳 좋아서
가는 것도 아닌데
앙상한 육신 서글픈 시린 마음이다

나무 한 그루 밑에
명찰을 달고 화려했던 아련한
옛 추억 오늘도 너를 그린다.

다경 이경희

눈꽃

애간장 녹아내리는 기다림에
초조함이 부둣가에 서성거린다

한 아름 가슴으로 안아 받을 때
황홀한 기쁨을 마주하던
함박눈 오늘도 기다려지네

저 멀리 수평선 너머
뱃고동 소리 메아리로 들려온다

펄펄 거리며 날아드는
눈꽃 한가득 싣고 뱃머리 돌려
찾아와 이루는 사랑 어루만져 주누나.

겨울밤

옥토끼
두둥실 노니는 달밤
살갑게 와닿는다

무수히 쏟아붓는
깊어가는 은하의 별밤
칼바람 매섭구나

수줍게 고백했던 긴긴 겨울밤
시린 얼굴 감싸 안아주던 너

외로움 달래며
허전한 내 마음 너의 품 안에
향기로운 꽃 한 송이 보낸다.

다경 이경희

2부. 거울

힐끔힐끔 쳐다보는
들락거리는 하루는
무엇에 점철되어 있는지
너의 장단에 맞추어 하루가 정해진다

꿈틀대는 소리만
간간이 들릴 뿐 나는 꼼짝없이
매달려 고문을 당하는 죄수 같다

거울 중

거울

힐끔힐끔 쳐다보는
들락거리는 하루는
무엇에 점철되어 있는지
너의 장단에 맞추어 하루가 정해진다

꿈틀대는 소리만
간간이 들릴 뿐 나는 꼼짝없이
매달려 고문을 당하는 죄수 같다

흐릿한 좁은 공간
내 마음과 몸을 정갈히 닦아주고
밝은 미소로 나를 바라봐 주길 바래본다.

{내면의 의미}
거울은 드나드는 이의
희로애락을 볼 수 있다.
매달려 있는 거울의 아픔을 생각하고
깨끗이 닦아 반짝거리는
나의 얼굴을 보며~

평온한 공간

안갯속 라벤더 향기 스미는
아침의 문을 열고
고소한 하룻길 열어준다

새날에 해맑은 미소 머금은
눈빛과 다정하고 소꿉놀이
술래잡기 놀이에 아쉬운 하루다

땅거미 지는 시간 너와 마주 앉아
익숙한 차 한 잔에 평온한 공간이다.

{내면의 의미}
하룻밤 단잠을 자고 눈부신 아침 햇살 창문을 쏘아 댈 때
습도 마쳐주는 가습기 물에 라벤더 오일 한두 방울 떨구어주니
은은한 향기에 기분 좋은 아침을 여는 나의 하룻길.

다경 이경희

오늘도 행복하세요

밤하늘의 주근깨가
찬란한 빛으로 은빛 물총
쏘아 가로지른다

달빛에 도전장을 보내고
밤이 새도록 소꿉놀이에
신명 났던 하늘이다

동녘의 찬란한 빛에 모두
앞다투며 숨어버린다

강렬한 햇살 창문을 뚫고
들어와 오늘도 행복하세요
살가운 미소 놓고 간다.

(시작 노트)
주근깨같이 빛나던 별들과
달이 소꿉놀이하다
동이 트니 숨어버린
새날에 행복하게
아침을 열어 봤습니다.

울타리 꽃

그대는 나의 울타리 꽃
행복이어라

망울망울 맺힌 봉우리
하나둘씩 피어나 가슴 벅차오른다

은은한 향기 머금고 피어나는
영원히 못 잊을 내 사랑이여

사계절 돌아가며 피워대는 꽃
핑크빛 사랑 심금을 울린다.

*내면의 의미_남편

다경 이경희

너의 기억

아련함이 사뿐사뿐 걸어온다

이유 없이 너의 기억이 찾아왔다
말없이 한참을 걸었어

너도 나도 하얀 밤이 찾아왔어
밤이 새도록 사연 많은 두툼한 주머니
속에 두 손 넣었었지

가두어 놓은 공간에 조몰락거리며
차가운 애련 털어 버린다
새봄의 새싹으로 다시 찾아오려무나.

*내면 의미_첫눈

이별

자정 넘어 육신은 잠들고
영혼은 사뿐이 나른다

자박자박 걸어온 이별에 서러운 밤
애달픈 조각난 마음 지친 목소리에
당신의 고귀한 숨결이 나지막이 들린다

먼동이 부리나케 달려오고
꽃나비가 떼를 지으며 지난 이야기에
녹아드니 익숙했던 온기가 그립다.

다경 이경희

끈적이는 형상

부끄러워 하얗게 덮어버린 추억이다

본색을 드러낸 애련
시간도 잊은 채 공간도 망각한 채
끈적이는 형상 아리고 아리다

지난 세월 깨진 바가지에
몸을 담고 몸부림치며
흘린 눈물이 얼룩져있다

달빛에 차 한 잔 우려내 영혼을
적시고 넋을 달래며 밤을 덮어버린다.

들숨 날숨

새소리 청아하게 울려 퍼지고
사랑스러운 미소로 새 아침을 마주한다

아름다운 오늘을 즐길 기대와
유난히 설레는 들숨 날숨 분주한
호흡을 멈출 수 없다

모두가 자동기계처럼
멈추지 않는 그것은 밖으로 향한
달음박질이었다

세상 밖으로 나아가는
심장박동으로 이어지는 새로운 발견
미지의 세계에 고운 색칠한다.

다경 이경희

울음소리

약속이 없었어도 그것은 매일 왔다

밤새 큰소리로 울어댄다
가슴골 타고 내리는 서러운 눈물이런가

먼동이 트니 무거운 몸
이끌고 필사적으로 양지를 찾는다

밤새 지친 몸 따사로운
햇살의 품에 안겨 밤새 울었던
사연 보따리 풀어낸다.

*내면의 의미_귀뚜라미

하현 망간 달

애월愛月에 잔별들
꽃물에 깔아앉고 대지를 적신다

반달 빛 끝동 자락 부여안고 은빛사랑
한 아름 품으니 온 세상 별천지다

하현 망간 달 빠른 행보는
별빛도 아쉬움에 더욱 반짝인다

망부석이 된 전봇대
다시 바라볼 날 기약하는
멍한 침묵으로 바라본다.

다경 이경희

낯선 세월

공기를 가르며 한 모금 마시니
목메어 오는 먹먹한 가슴 눈물 맺힌다

그림자조차 거느릴 수 없는
나약한 심상 설움이 복 바쳤다

세상은 무관하게 뒤돌아보지 않는다

앞서가는 길 따라 두리번거리며
오늘도 낯선 세월 걷는다.

반환점

울지 말아요
모두가 불장난이야

같이 걸었던 이 길도
떠나기 위해 있었던
옛길뿐이야

바람처럼 사라진 허공에
손 내 젓는다고
다시 오나 이미 가버렸다

기약은 있었다
세월의 반환점
그때를 기다리련다.

다경 이경희

애달픈 아픔

남몰래 짙은 어둠 속에
새벽 서리 찬바람에 설움 농익는다

달콤했던 옛사랑 어디 가고
애달픈 아픔은 가슴 구석에 사무친다

이리저리 굴러본들 옛정에
그리운 마음 어디로 가야 하나

닿을 수 없는 형체는 바람 불어
흐느적거리고 한숨만 토해낸다.

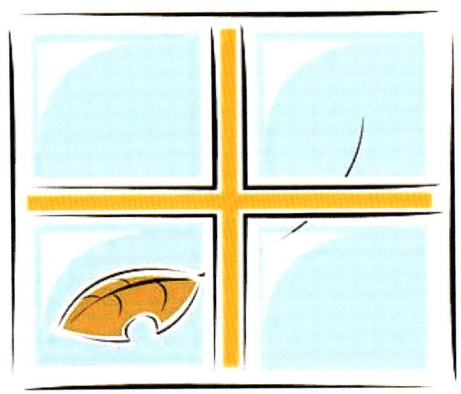

녹 익은 구름

선홍색 석양에 넋이 나간
각 색의 구름 떼 지어 몰려드네

정열의 열기로
녹 익은 구름을 달구어진
목마른 노을이 삼켜 버린다

붉어진 구름길 따라
길었던 하룻길 침묵한다.

다경 이경희

보랏빛 연정

이렇게 앙증맞은 제비꽃을 눈에 담습니다

잔잔한 땅울림 비집고
지나는 이의 발걸음을
멈추게 하는 마력이 있습니다

보랏빛 연정을 아시나요
가슴속에 라일락
향내음도 스며 듭니다

신비스러운 사랑을 하고 싶습니다
꽃바람에 취해 얼굴이 빨개집니다.

서글픈 연가

추풍낙엽 밟히며
바스락거리며 우는 소리

만추의 서글픈 연가

한 시절 곱게 바라본
너의 모습도 서산 넘으니
어두운 세상이다

천상天上의 달을 품어볼까
별을 품어볼까
하얀 밤 지새우며 은밀한
밀어들 구름 속으로 떨어진다.

다경 이경희

거문고

몸을 맡기고 노을
따라가는 가냘픈 소리 애절하다

여섯 줄의 한을 뜯는다 줄줄이
리듬을 탄 가락은 지나온 애환이다

붉은 석양 뒤로 한 채
애써 흥겹게 튕겨 본다

달님도 별님도 내려와 사랑가
소리에 담금질하며 숨죽인다.

당신의 시간

어제의 아픔이 오늘의 시간과
엉겨 붙어 구름 떼 지어 굴러온다

지난 시간이 떨어졌다
세월이 흘리고 가버린
한 줌의 옹이를 감싸안는다

긴 여정의 희로애락이 가슴에 붙어
떨어지지 않는 깊은 상처는 꼼지락거린다

애달픈 당신의 쓰라림을
따사로운 햇살이 반사되어 치유해 준다.

다경 이경희

주름진 침묵

그녀에 어두운
주름진 침묵이 목메게 흔든다

먹구름이 요동치며
비바람에 흠뻑 젖은 심상 애처롭다

갈 길마저도 보이지 않는
허망함이 머문다

한바탕 쓰나미에 세포가 전율하는
이 순간마저도
다시 오지 않기에 소중하다.

삶의 욕망

아물지 않는
세월의 흔적이 쓰리고 아리다

사랑의 아픔이 숨 쉴 수
없이 머물며 떨어지지 않네

사랑했던 순간들 한 발자국도
뗄 수 없이 멈추었던 인연 또 머문다

벅차오르는 지울 수 없는 파란
가슴소리도 삶의 욕망 붙들고 늘어진다.

다경 이경희

첫사랑

첫눈에 빠져 버린 나의 첫사랑

당신의 가슴에 기대어 생명줄
이어주던 송골송골 맺힌
땀방울이 거름 되었다

눈을 떠도 감아도 볼 수 없는
당신의 뒷자락에 사무친 그리움
하늘나라로 띄운다

태평연월 활짝 웃던 모습
낙화 되어 숨어드는 달빛에
반짝인다 어머니 형상이.

미지의 세계

스치는 밤바람에 너의 향기가 스민다

추위에 서서
밤하늘에게 안부 물어본다

달에 기대어 바라보며
반짝이는 눈동자 그리움이 배어있네

끝이 보이지 않는
미지의 세계 여명이 재촉한다.

다경 이경희

보물

흐르는 강물 거슬러 팔도 천하
명산 따라 피땀으로 얼룩진 육신
수많은 가슴앓이 칠성님 전 빌고 빌어
천륜의 복(福)을 받고
삼신할미 덕(德)을 보았다

우렁찬 첫울음으로
세상구경하였네 아장아장 걸음마에
눈 시도록 바라보던 내 아들
행복 주는 사랑의 단맛 어느덧
장성하여 어미 가슴에 보물이 되었네.

사랑

하루하루 엮어온
너와 나의 애환 실바람에 털어낸다

붉은 노을 뒤로한 채
흘린 눈물 감추고 수줍은 듯
반짝거림은 무엇을 갈망한다

그대의 깊고 넓은 가슴에 기대어
행복에 겨워 눈웃음 짓던 청춘
그 시절 타임머신 타고 달려간다.

다경 이경희

낯익은 불빛

발길에 차이는 이별의
추억은 낯익은 불빛 아래 맴돈다

앙상한 나뭇가지 사이로
달빛은 앙칼지게 쏘아댄다

발등에 떨어진
그림자 외로움 밟고
애처로이 홀로 떠나가고 있네.

애인 愛人

삶의 여정 몇 년이고 주야
사철 변함없이 나를 지켜주는 너

근육은 굵어지고 비바람에
거친 주름 갈라진 틈으로 속앓이
눈물이 주르륵 흐른다

눈 뗄 수 없이 힘없는
손 흔들고 누렇게 지친
마음은 미운 듯 꼭꼭 찔러댄다

거칠어진 몸뚱이
쓰다듬고 속 타는 마음 걷어낸
떨어진 떡잎 애타며 구른다.

*내면의 의미_소나무

다경 이경희

부푼 가슴

간다, 나는 간다
무지개 따라
가도 가도 끝이 없네

초록 바람 따라
너도 같이 가자꾸나
빈 가슴 채우러 떠나보자

꽃마중 가는 길에 비 맞을세라
바람에 날아갈세라

부푼 풍선 터질세라
임 맞이 가는 길
허공을 가로지른다.

빗방울

잦아드는 빗소리에
그 님도 가신다네

가로등 불에 반짝이며
빗줄기 타고 오신 임

빗방울 수만큼
밤새워 밀어를 나누었네

간간이 떨어지는
빗방울 소리에 지난밤
은밀한 추억 몇 개 주워 담는다.

다경 이경희

3부. 임 마중

만추의 가을 색깔 비행하다
추풍낙엽으로 맥없이 짓밟혀
잔잔한 파동이 일어난다

하늘과 땅의 마음
어제의 넋은 오늘의 혼으로 흩어지고
구름 조각은 겨울의 길목
하얀 마음으로 초조한 임 마중이다.

임 마중 중

임 마중

얼룩진 심상 속에 새빨간
주머니 덩달아 뛰고 멈춘다
엇갈리는 시간은 치열한 밤을 지새운다

쏟아내는 찬 서릿발 묵묵히
뒤집어쓴 채 희뿌연 연무에 갇힌
땅 울음소리 아랑곳없이
달빛은 비웃듯 재빠른 걸음으로
여명을 재촉하고 떠나버린다

만추의 가을색깔 비행하다
추풍낙엽으로 맥없이 짓밟혀
잔잔한 파동이 일어난다

하늘과 땅의 마음
어제의 넋은 오늘의 혼으로 흩어지고
구름 조각은 겨울의 길목
하얀 마음으로 초조한 임 마중이다.

외外 바람

매서운 바람이 툭 치고
저 바람이 평화를 휩쓸어
굴려 떨어트린다

메마른 손으로 든든한 주춧돌 큰아들
등에 업고 불쌍한 큰딸 안아 얹어 놓고
보기만 해도 아려오는 작은딸도 포갠다

한도랑 옮기며 허리 한번
펴니 반평생 서러워 충혈된
서산 붉게 물들인다

이방인처럼 갈 곳 몰라
떠돌아다니던 무너진 조국 방패막이를
차곡차곡 쌓아 올린 가족
한 서린 맺힘을 옛이야기로 풀어낸다.

다경 이경희

한강 수水

물길 잇는 조명 받아
환상적인 다리 건넌다

작은 파동이 일어난다
깊은 물 속의 옥수를 퍼 올린다

생명줄이오
나의 소중한 생명줄이오

아름다운 푸른 한강 수
물고기들의 천국

수맥 따라 모여든
남한강 북한강의 푸른 물결
어머니의 젖줄 같다.

느긋한 행보

문득 뒤돌아보니
길게 꼬리 늘어져 있다
보물 같은 추억 아롱지게
빚어 힘껏 당겨 보지만
좀처럼 내 앞에 오지 않는다

정진의 길 트임은
느긋한 행보에 동무 삼아 동행할
아름다운 글쟁이들이 모여든다

반세기 구불구불 돌아온 길
당겨도 오지 않는 묶여버린
지나온 희로애락 발자취에 하트를 던진다

농익은 씨앗만 남긴 채 달라붙는 맛
보슬보슬 솜털 같은 여린 마음으로
익숙한 붉은 길 드나드는
황혼길이 행복하다.

다경 이경희

빨간풍선

슬픔을 마셨다네

목덜미 타고 오르는
쓰라린 아픔

가슴골로 흘러내린
심상은 너덜거리고

참아내려니 핏줄기
머리로 치솟는다

울분에 기가 막히고
가슴골은 피멍으로 아리고
옥 조여 오는 심장은 터질 것 같네

높다란 푸른 하늘에
희망의 메시지 담아
빨간풍선 하나 띄워 올린다.

빨간유혹

화사한 얼굴 가녀린 몸매
유혹의 눈빛과 새빨간 입술
검은 혀는 구미호 같네

자태를 감춘 꽃진 망울 거품 내뱉고
빨아들인 하얀 진액 풍미를 더하니
노곤히 온몸 절여 혼미한 구렁이
담 넘듯 흐느적 거린다

반 감긴 눈 빨간 유혹은
숨바꼭질로 하얗게 갉아먹어 치운다
어느새
땅거미 지는 언덕에 걸친
노을과 붉은 손 접어 내 가슴에 얹는다.

*내면의 의미_양귀비 꽃

다경 이경희

가림막

넓은 아량은 하늘도 품는다

두둥실 노니는 조각난
잿빛 구름 화 덩어리로 가득 채워
쏟아낼 준비를 하는 너를
잡아 안정시킨다

여명에 꿈 담아온다
아침에 희망 던져 주고
고즈넉한 오후길 걸터앉을 때
행복 노래 들려오는 시간 간직한 채
노을 마당에 풀어놓고 석양빛에
부끄러움도 알 수 있는 순수한 하룻길
달님 올라오며 찡끗 윙크한다

촘촘히 호위병 세우고
누런 금덩어리 둘레에 달무리
보름날 채우느라 볼록한 배는
장맛비로 볼 수 있으려나
걱정을 뒤로한 채
창문 틈새 은은한 조명
비추어 주니 달을 품은 하룻길
가림막으로 가린다.

파도 소리

요란한 파도 소리
모두 다 인생 굴러가는 소리

하얀 부드러운 물거품에 안겨 보고
거친 파도 밀려온들 잠시 멈출 뿐

우리네 삶도 쉼 없이 크고 작은 소리에
귀 기울이며 진정한 삶 이런거야

또 하루 석양에 시선 머물며
아름다운 하루였어
애써 다독인다.

다경 이경희

옹이

들락거리는
휑한 바람 소리만 귓전에 맴돈다

물거품 일으키며 부풀어 바람 빠진
풍선 가슴에서 요동치는 장단 아니던가

빙빙 높이 돌아드는 독수리
부리는 누구의 심장을 찌를까

불멍에 옹이가 된 몸뚱어리 보이지
않는 허한 구멍에 애간장만 녹아든다.

달력은 시간이다

너를 따라온 삶의 뜨락에
주인공이 되어있던 사연
주마등처럼 스쳐 지나간다

오늘 첫날에 함께한 그는
잠든 사이 가버리고 눈을 뜨니
또 다른 누군가가 기다리지만
낯설지 않다

울고 웃고 때로는
뛰어가게 하고 매일 찾아오는
새날의 길잡이 되어 지나가 버린 추억
가슴속에 묻어버린다

남은 나날 숫자 세어가며
희망의 날개 달고
오뚜기처럼 뒤뚱거리며
남은 나잇값을 계산해본다.

다경 이경희

새빨간 거짓말

허락받은 자
시인들의 넘나듦은
시인들의 특권이다
언어의 마술사이다

사물, 미생물, 생물, 등등
에둘러 보조관념으로 원관념을 숨기고
없는 것이 있는 것처럼
새빨간 거짓말을 자연스럽게 풀어 나간다

다수 독자는
"이게 무슨 말이야 되는 말을 해야지"
때로는 글의 의미를 모른 채
"이해 안되네" 화두를 던진다

시詩에는 수많은 법과 원칙이 있다
나도 모르는 사이 거짓말로 독자를 속인다
사실인 양 받아들이는
독자들의 반응은 가지각색 시각을 가진다

시인들은 기본으로 오감이 있다
수많은 시인은 오늘도 새빨간
거짓말을 하고 있다.

마음 한가닥

서산 노을은 왜
이다지도 붉게 타오르는가

기차에 가녀린 몸 실어
붉은 길 달려가자 하니
눈부셔 뒤돌아 숨바꼭질하네

삶의 뒤안길로
살포시 발걸음 옮긴다

희로애락에 청춘
빛바랜 추억의 영상
마음 한 가닥 겨우 걸친다.

다경 이경희

모두의 고향

울고 싶을 때 그냥 울어봐요

울다 지쳐 잠이 들 때까지
베갯잇이 흠뻑 젖도록 울었다

꿈에서도 실컷 울어
눈물이 강이 되고
스스로 눈물바다를 만들었다

퉁퉁 부어오른
하얀 배가 기다리고 있었다

그 돛단배는 살포시 출렁이며
어머니의 자궁 속처럼 편안한
깊은 심연 속에 있는 태곳적부터
있는 모두의 고향이라오.

욕망

나지막한 가녀린
어깨가 애달픈 춤을 춘다

저 멀리서 달려오는
그대 목소리는 바람 소리런가

너울너울 가지가지마다 나비처럼
날게 되어 훠이 훨훨 날아가고픈 심상

찬바람에 기대어 흔들리는
욕망 애써 참아내는 땅속
떨림에 서글프게 울어댄다.

*내면의 의미_어린 금송 솔가지 엄동설한에
차디찬 바람에 흔들림을 바라보며.

다경 이경희

역행 逆行

엉금엉금 기어 오는
늦은 걸음 보와 행보를 맞춘다

구름도, 바람도 쉬어가는 하룻길에
홍등 밝히고 기다리는 외로운 몸부림
아랑곳없는 마음 모르는 어리광이네

무심히 바라볼 뿐 친숙하지 않은
노을은 애를 태우건만 느림보는
역행하며 냉정히 뒤돌아선다.

*내면의 의미_황혼에 접어든 나이 청춘으로 돌아가려는 마음.

오늘의 빚

오늘도 어쩔 수 없는 빚을 지노라

유유히 흘러가는 세월
낚싯줄에 걸린 채 희로애락
오욕으로 한 겹 한 겹 덧대온 여정

여리디여린 지고지순한
여인은 삶의 바람에 부딪힌
맷집은 두둑해진 듯하지만

오늘의 빚으로 또 한 겹 덧대고 있구려.

다경 이경희

존재

이 세상에서 제일 소중한
감히 누구도 거부할 수 없는 지폐
여기저기 갑질을 하고 돌아 다녀본다

이 집에는 복이 많아 넘치고
저 집에는 늘 모자란다
공평한 세상 똑같이 주고 싶다

하루도 못 산다고
부지런함 없이 지혜롭지
못한 자 어찌 가지려 하는가

운명이라고 포기하는 자
존재는 사람 있는 곳이면
늘 입방아에 오른다.

윤회 輪廻

온 대지를 두드리니 촉촉이
환생의 기쁨으로
너도나도 마주 보며 눈웃음친다

썩어있던 시궁창 처마 밑
낙숫물이 시원하게 뚫어주고
아낙네 뭉쳐있던 응어리 눈물 옷 적신다

윤회하는
계절의 변화가
양 볼을 간지럽히고
바람이 실어다 준 뭉게구름에
앉아 평온한 하룻길 비행한다.

다경 이경희

두 그림자

등불 들고 따라오는 하늘
아래 두 그림자 다정스럽다

언제까지 빚어낼 수 있을까
살가운 너와 나의 사랑을

검은 그림 속에 영혼이 담긴다
죽어도 죽어도 두 영혼
이 자리에 머물고 싶다

달님 저 산 넘어 걸치고
영원히 행복하라 하네.

방황의 환란

길 잃은 나그네 발길
정처 없는 방황의 환란

속곳조차 훌훌 벗어 던지고
발가벗은 채 세상 풍파에 맞선다

피하지 못해 즐기는 회전목마
갈아타고 희로애락에 젖는다

세상 풍파
물레방아처럼 너도 돌고 나도 돌며
돌아가는 세월 따르다 보니
고단한 심신 하늘 이불 덮고 눕는다.

다경 이경희

웨딩마치(wedding march)

한을 뿜어내듯 함박눈이
온 세상 덮어버린다

설원에 한 아름 함박웃음 짓고
웨딩마치 건반을 두들긴다

청아한 신부 화사한
면사포 속의 수줍은 미소로
단장하고 멋들어진 새신랑의 턱시도

행복의 겨운 신혼 사랑 하룻길
빛이 하늘길 누빈다.

마음 마당

갈래갈래 찢어진 마음같이
긁어모아 곱디곱게 단장해 본다

흩어진 마음 가닥
부여안고 정성스레 빗질도 해본다

스쳐 가던 인연도 다정히 불러보고 싶다

내 곁을 요란히 지나가는 듯 바람 소리
애달프게 울어대던 풀벌레의 울음마저도
그리운 날 같은 행복 찾아 헤매 본다.

다경 이경희

비단길

매미의 노래 장단에
고추잠자리 떼 지어
한바탕 놀고 가는 섬 바위

어느새 평온함이 깃들어
행복이 넘실대는 소리에
성난 파도 잔잔해진다

꿀물 뚝뚝 떨어트리는 당신의
손은 엉겼던 실타래 풀어주네

수평선 비단길 깔아주던
속 사람의 사랑 이어라.

가을 영혼

가을 끝자락에 걸터앉아
설레던 사랑 가슴이 저며 온다

산허리 휘감던 오색 동굴 속엔
애달픈 영혼의 몸짓 밝아오는
여명에도 아랑곳하지 않는다

이 가을,

해맑은 영혼들 사랑의 불씨로 남아
바람 섞인 햇살로
겨울의 길목 살갑게 품어준다.

다경 이경희

초 가을바람

달빛 곱게 드리운 밤
애증이 걸려있다

너의 추억을 등에 지고
발길이 머무는 곳 젖은 몸으로
기지개를 켜는 양팔에 허상만 안긴다

창가로 허락 없이 들어온
초 가을바람이 온몸을 애무해 준다

허공을 휘젓는 장단은
아련히 늘려오고 그 님은
상상에 매달린 채 손 짓한다.

가을의 잔상

옥빛 하늘 구석구석 유린하다
지친 불덩이 서산 넘어 몸을 누인다

수줍은 달님 숨어 별도 보이지 않는
꿈틀대는 그림자 숨 가쁜 하얀 밤에
부딪쳐 피멍이 들었다

동산 너머 붉은 헛기침 소리에
움츠린 날개 비틀거리며 허공에 숨는다

밝은 날 사라질 텅 빈
인연들 껍데기 벗고 무거운
정신을 게슴츠레 바라본다.

다경 이경희

가을 벌판

알록달록 세상이 고운 물들었다

벌판이 나이 들어 무거운 고개
숙인 모습 누렇게 빛바랜 의복은
세월의 풍파를 견딘 고단함을 말한다

눕고 싶은 허수아비 어깨에
살포시 앉아 간지럽히는 철새의 재롱에
허수아비 온몸으로 한바탕 웃는다

노루 꼬리처럼 짧아지는 해
논두렁에 풋콩은 가을 햇살에 여물고
휘파람 소리 자장가에 곤한 잠이 든다.

가을 노숙자

거리의 노숙자 방황한다

호화스럽던 시절
매달릴 곳이라도 있었건만
바닥에 버려지니 기웃거리며
안식처를 찾는다

거대한 발자국이 짓누르고
헐어버린 허한 구멍
바람만 들락거리는 통로가 되었다

구름도 취해 붉어진 몸으로
감싸 안은 잎새 포근히 잠든
그림자 오가는 발에 채여
젊은 날 하염없이 그리워한다.

다경 이경희

촛불

녹아내리는 뜨거운
눈물 굳어 애증을 남긴다

은은히 타오르며 춤추던
불꽃은 희미하게 꺼져간다

화려한 받침대에
한가득 고인 사랑의 붉은 애심은
아직도 온기가 남아 식지 않는다

그대를 두고 혼자 갈 수 없는
마지막 열정으로 그대 영혼
행복으로 피워주리.

블랙 호텔

수많은 시간이 허공에 매달렸다

이별이란 어둠의 그림자
잃어버린 운명의 한 조각
간혹 아련한 기억 속에 머물 것이다

그대의 추억 향기는 내 마음을
지치게 하고 하늘 구름 등에 지고
짙어지는 산그늘 서산으로
서서히 발걸음 옮긴다

달님 숨고 별도 보이지 않는 장막
보이지 않는 육신 하얀 밤에 부딪혀
상처투성이 블랙 호텔에 머문다.

*원관념_죽음
*보조관념_이별
*내면의 의미_죽은 이의 아픔
*블랙 호텔_장례식장

다경 이경희

종족 본능

앞산에 홍조 띤 사랑가 내밀고
당신의 이슬머금은 나의 생명줄
이어가고 눈 맞춤으로 따스한 가슴에 기대어
새록새록 잠이 들던 날 뜨거운 입김으로
훈풍 불어 어쩔 줄 몰라 마주하던
사랑을 천심天心으로 바라보는
초롱초롱한 눈동자 사랑에 빠져 버렸다
얼음을 녹이는 여인의 종족 본능이 몸에 밴 때
씻어내던 날 다시 볼 수 없는 모습은
싸늘히 굳어버린 눈물자국 얼룩지고
싸리나무같이 허리 굽힌 삶의 물결에
하얀 실타래 머리에 이고 멍든 가슴은
나의 첫사랑 어디로 바쁘게 가셨나요

입술만 달싹인 채 꿈속에서만
볼 수 있는 우리 엄마
뒷자락으로 따라가 본다.

잡을 수 없는 인연

신록의 바람 한 움큼 쥐고 가슴속에 담는다

애타는 몸짓은 아프도록
붙잡아 보지만 잡히지 않는다

삶을 풀어헤쳐 등에 업고
파란 가슴소리 삶의 욕망 붙들고
늘어지는 사랑은 어디에 머물까

붉은 하늘 가득 덮은 구름 떼
타들어 가고 야속함에 씁쓸한 미소 담는다.

다경 이경희

기적소리

소슬바람에 차가운 얼굴 따뜻한
손으로 감싸주던 그대를 불러보고 싶다

곱게 물든 연인들의 오색
마당은 사그락거리며 입맞춤한다

저 멀리 들려오는 기적소리
코스모스 반갑다고 손 흔들어 대고

쏜살같이 달려오는 기차
설레는 마음 싣고 온 그리운 정거장에
임 마중 나왔을까 두리번거린다.

누런 봉투

연탄불에 끓이는
구수한 냄새 엄마의 코는 벌렁대고
입가엔 미소 한가득하다

아버지의 한 달 노고에 누런 봉투
엄마에게 전해준 날 얄팍한 두께에
봉투 속에 반짝이는
동전은 나의 뽑기 달고나 할머니의 돈이다

밥상에 둘러앉은 식구들
아버지의 국그릇에 고깃덩이가
얼마나 들어갔는지 힐끔 훔쳐본다

아버지는 엄마 몰래 살고기를
내 입에 쏙 넣어주시는 눈칫밥 먹는 날
엄마의 잔잔한 숨소리에
아버지 숨죽이신다.

다경 이경희

착각

온몸을 절규하며
몸부림치고 내 앞에 앉은 너는
무슨 사연이 있을까

고운 눈으로 바라보고 내 것인 양
옆에 있어 주길 원함이 아쉽게도 잠시
착각이었나 보다

산 그림자를 뛰어넘는
붉은 마음 따라 미지의 날갯짓한다

연민으로
너를 감싸안고 놓지 못하는 마음
추녀라서 그럴까.

그 시간

겨울바람 자고 간자리
그 시간 구름에 담아 마주한다

부대낀 상처들 나부끼던
새털처럼 가벼운 그 마음마저도
고갈되어 허공에 의지한다

달님 가슴에 하얀 밤 내내
안겨도 메우지 못하는 텅 빈 가슴
밤새 눈꽃 내려와 포근히 덮어준다.

다경 이경희

허공 북소리

2024년 1월 경주 초대전

다경/이경희

아름답던 언저리 보랏빛
안개 속으로 젖어 숨어버린다

한 겹 한 겹 덧대온 두툼한 사연들
허공 북 되어 메아리로 잔떨림 전율한다

긁어모았던 연민 매만지던 손길
아스라이 두 손 떼어낸
순산마저도 사랑했노라고 말하리

선 채로 하얀 밤 지새우며
부서지도록 너를 껴안는다.

4부. 고독이 밟혀도

하현달이 부끄러워하던가
상현달이 부끄러워하던가

그냥 바라만 볼 수 있다면
달은 달일 뿐

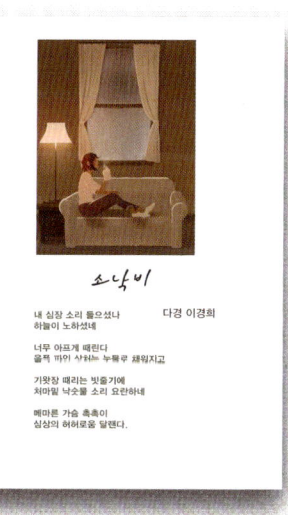

고독이 밟혀도

까만 달그림자에
고독이 밟혀도 아프지도 않네

하현달이 부끄러워하던가
상현달이 부끄러워하던가

그냥 바라만 볼 수 있다면
달은 달일 뿐

마음 하나 깨끗하면
뽀얀 달을 품을 수 있으리.

*현대시선 중구지회 시화전

추남(秋男) 추녀(秋女)

다경 이경희

북녘에서 풍문이 들려온다
오색 바람이 헤엄치며
추남 추녀들이 남녘으로 내려온다

영혼마저 내려놓은
애증을 갈구함이 각색을 지녔던 꿈 만추에 갈대도
백발 되어 흔들리는 마음 애써 감춘다

고왔던 치맛자락 붙잡고
너와 나의 아름답던 사랑은
허망한 마음의 경련 일어난다

아랑곳 없이 추풍낙엽
한 잎 두 잎 누울 때
사그락사그락 밟히며 싸늘히 식어간다.

다경 이경희

골목대장 오빠

그 오빠가 밉다
심술쟁이
공부도 못 하면서

오늘도
내가 공기놀이하는데
빼앗아 간다

울면서 쫓아가다
넘어져 무릎에 피가 나
아파 울며 집에 왔다

엄마는 호호 불어주시며
빨간약을 발라주셨다.

다경 이경희

달

저녁에 할머니 집에
가는데 하늘에 송편 하나 있어

엄마한테 조른다
하늘 송편 먹고 싶어

엄마는 빙그레 웃으시며
하늘 송편 맛이 나겠다 하신다.

풍경소리

다경 이경희

침묵하던
너의 소리는
거침이 없었다

찬바람이
온몸을 때려도
바람결 맞서온
애달픈 울음소리

세월을 두들겨
깎아놓은 고통 속
숨겨두었던 광채

꽃샘바람 불어오니
경쾌한 풍경소리
봄소식에 다시 번져 간다

신발

학교 가려고 신발 신는데
엄마 신발이 아빠 신발을 밟고 있다

신발을 나란히 놓으며

나도 친구들과 사이좋게
놀 테니 너희도 싸우지 말고
사이좋게 놀고 있으라고
말하고

나는 학교에 갔다.

다경 이경희

봄의 여신

색동저고리 입고
붉은 치마폭이 너울댄다
꽃신 신고 춤추는 봄의 여신
손짓에 봉황 한 마리 날아든다.

노을

얄궂은 사연
빚어낸 붉은 하룻길

내 뿜어
자랑이나 하듯

서산 봉우리 한입에 꿀꺽 삼켜 버리네.

다경 이경희

반상회

재잘재잘, 조잘조잘,
짹짹거리며 참새 아파트에
반상회가 열렸다

이구동성으로 새해에는
행복한 사랑 하며 살자 하네.

시해설
흔들림을 잡아주는 미학의 성찰
『마음이 걷는다』 다경 이경희 시집

평론가 윤기영

1

시간은 거울처럼 지나간 나와 다가오는 나를 한 화면에 비춘다. 그렇듯 인생도 햇빛의 마지막 숨결에 머금듯 살아가는 순리는 같다. 인생은 지상에 잠시 왔다가는 소풍인 것을 알아야 한다. 시 또한 연속된 흐름이 아닌, 늘 현재라는 틈새에서 과거와 미래를 동시에 인식하는 인간의 의식을 반영한다. 즉, 시간은 외부에서 흘러가는 것이 아니라, 내면에서 만들어지는 인식의 구조임을 시는 암시한다.

흔적의 진리는 인간이 삶을 지나가며 남기고 가는 무형의 흔적을 탐구하는 철학이다. 흔적은 단순한 발자국이 아니라, 우리의 삶이 남긴 마음의 무늬이자 내면의 지층이다. 시인은 흔적이라는 소재를 통해 '자아의 시간성'을 사유하게 한다. 그렇듯 인간에게도 들꽃처럼 동일하게 살아가는 존재가 있기 때문이다. 아무도 보지 않는 자리에서 묵묵히 자기의 하루를 건디는 이들의 소박한 생이 떠오른다.

이경희 시인의 첫 번째 시집 원고 100여 편을 펼쳐놓고 그녀가 살아온 인생철학을 논하고 있다. 사유와 성찰의 시어들은 열심히 노력한 흔적들이 편지지 한쪽에 오래 묶은 글들이 소박하게 자리 잡고 있었다. '인간의 길은 흘러가지만 인간의 길은 돌아온다'는 말이 문득 떠오르게 한다. 우린 오늘도 마음 한 조각을 조용히 내려놓는다. 언젠가 미래의 내가 그 흔적 앞에서 멈추어 서도록 말이다. 시인은 "지나온 길"보다 "남기고 간 흔적"을 더 오래 바라보게 되는 순간을 묘사한다. 이는 단순한 회상이 아니다. 어느 시점 이후 우리는 미래보다 과거를 더 깊이 들여다보며, 자신의 존재가 어떤 의미로 남아 있었는지를 생각하는 나이에 도달한다. 이번 시집은 세상의 빛과 타협하는 시인의 감성에 매력을 느낀다.

시인의 사유 속에 머물며 시를 성찰하는 시간이다.

태양을 삼키는 노을빛 따라
사랑 바람 쉼 없이 불어온다

오고 가는 하루 속에
보고 싶은 사람이
있다는 것은 행복한 일이다

나를 지켜주는 사람
그 사람은 가만히 있는 것 같지만
힘겹게 나를 지키고 있었다
누구나 할 수 있을 것 같지만
아무나 할 수 없다

청아한 설원에 발자취 남기며
얼었던 강물이 녹아내려도
늘 내 곁에 머무르고 있다는 것은
나를 지키기 위함을 확인시켜 주는 것이다

복잡한 세상살이 옆자리 한쪽
내어주는 마음 편한 그런 사람
넓은 가슴 열어 조건 없이 사랑하고
한결같이 마음 열어주는 사람 있으니
내 삶이 흔들리지 않아 좋더라

-「진정한 사랑」 부분

 이경희 시인의 「진정한 사랑」은 거창한 말 대신, 일상의 작은 순간에서 발견되는 '지켜주는 사랑'의 본질을 담담한 언어로 드러낸 시이다. 시인은 태양을 삼키는 노을빛, 설원의 발자취, 녹아내리는 강물 같은 자연의 이미지 속에 사랑의 결을 조용히 스며들게 한다. 이 시에서 사랑은 불꽃처럼 뜨겁게 타오르는 감정이 아니라, 곁을 지키는 마음의 지속성이다.

「가만히 있는 것 같지만/ 힘겹게 나를 지키고 있었다」라는 구절은 특별히 인상적이다. 겉으로는 아무렇지 않게 보이지만 보이지 않는 곳에서 애쓰는 존재의 무게를 떠올리게 한다. 진정한 사랑은 목소리가 크지 않다. 오히려 조용하고, 때로는 희생처럼 보일 만큼 묵묵하다. 누구나 할 수 있을 것 같지만 「아무나 할 수 없다」는 시인의 직설적 고백은 사랑이 얼마나 큰 결심과 깊은 헌신을 필요로 하는시 일깨운다.

우린 또 하나의 시를 감상하면서 시인이 가지고 있는 다양한 빛의 여행 하기로 한다

윤기영

수평선 푸른 물에
조각구름 담아
애달픈 마음 편지
바람결에 실려 보낸다

어디쯤 있을까

그대 머문 자리 바람 불어오면
애타는 그리움 기억해 주오
임 부르는 소리 메아리로 울려 퍼져
그대와 내 사랑 영원하리.

-「마음 편지」 부분

 이경희 시인의 「마음 편지」는 짧은 시이지만, 그 안에 담긴 정서는 깊고도 맑다. 시인은 수평선 위에 떠있는 조각구름을 「마음 편지」로 비유하며, 그리운 이에게 전하고 싶은 마음을 자연의 이미지 속에 고요하게 녹여낸다. 사랑하는 사람에게 건네는 「마음 편지」 종이 위가 아니라 바람결 위에 실려 떠가는 감정의 울림으로 그려진다.

 첫 연의 「수평선 푸른 물에/ 조각구름 담아」라는 표현은 눈앞의 풍경이 곧 내면의 풍경이라는 사실을 보여준다. 시인은 자연을 바라보며 마음을 띄우고, 그리움은 구름처럼 가볍지만 애달픔은 바람처럼 스며든다. 자연은 시인에게 마음을 전달하는 매개체가 되어있다.
「어디쯤 있을까」라는 짧은 행은 시 전체의 정서를 압축하는 핵심이다. 기다림은 언제나 구체적인 거리 없이 존재한다. 사랑하는 사람은 멀리 있지 않은 듯 가까운데, 손을 뻗으면 닿지 않는 그 아득함이 바로 그리움의 본질이다.

「진정한 사랑」이 시의 매력은 바로 그 담백함에 있다. 감정을 과장하지 않고도 충분히 깊다. 자연의 흐름처럼 잔잔하지만 그 안에는 삶을 지탱하는 큰 울림이 있다.

「마음 편지」이 시 또 한 사랑은 흘러가는 것이 아니라 되돌아오는 울림이며, 그 울림 속에서 영원을 믿는 마음이 완성된다. 이 시는 감정을 과장하지 않고 자연과 기다림, 그리고 그리움의 고요한 울림만으로 사랑의 본질을 아름답게 표현한 시이다.

이경희 시인의 「진정한 사랑」 또한 「복잡한 세상살이 옆자리 한쪽 내어주는 마음」은 관계의 본질을 명확히 보여준다. 사랑은 거창한 약속이 아니라, 힘겨운 날 기댈 수 있는 자리 하나, 마음 놓고 숨을 고를 수 있는 공간 하나를 내어주는 것에서 비롯된다. 시에서 말하는 사랑은 조건 없는 수용, 한결같은 마음, 흔들리지 않는 가슴의 자리다.

이경희 시인의 「마음 편지」는 그리움의 마음을 자연의 풍경 속에 섬세하게 녹여낸 작품이다. 시인은 수평선에 펼쳐진 푸른 물과 조각구름을 「애달픈 마음 편지」의 이미지로 변환하며, 사랑이 가진 감정의 결을 부드럽고 고요하게 드러낸다. 이는 자연이 곧 내면의 투영이며, 마음이 바람을 매개로 전해지는 시적 순간을 포착해낸 표현이다.

윤기영

1부 시는 아무도 보지 않는 자리에서 하루를 견디며 피어난 꽃은 해 질 무렵에야 비로소 자신의 색을 드러내듯 우린 자아의 본질을 향해 끝없이 질문을 던지며 불완전한 존재로 살아가는 인간의 내면이 깊은 울림을 담아낸 서정시이다.

2

시간이 흐르고 나면, 자연의 이치는 또 다른 방식으로 우리를 성장시킨다. 우린 아주 천천히 마음의 가장 낮은 자리에서 피어오르는 감정으로 시를 쓰며 마음을 다스리게 된다. 비가 온 뒤 흙냄새처럼, 마음속 어디선가 아주 조용하게 새로운 고요가 피어난다. 그 고요 속에서 사랑이 우리에게 남긴 것이 무엇인지 천천히 이해하며 감성적 시인으로 살아가게 된다.

성찰은 윤회의 두려움이 아니라 생의 환희와 정화의 과정으로 승화시킨 점이 이 시의 가장 큰 미학적 가치라 할 수 있다.

흔적 없는 바람
가슴에 와 서 있네

말 없는 산천 꽃 낙엽으로
울고 웃고 무딘 시간 묶언 띠
두르고 고목으로 서 있다

아련하던 모습마저 희미한
형상 지긋이 내려다보는 반달

어느새 부서진 반쪽의 영혼

둘러보니 본래 나인 것을
새삼스레 채우려는 욕망의
장난에 오늘 밤도 애달프다

-「부서진 영혼」 부분

 이경희 시인의 「부서진 영혼」은 인간의 내면 깊숙한 층위를 응시하며, 상처의 형상화와 존재의 본질을 탐색하는 시이다. 이 시는 외부 풍경과 내면의 감각을 교차시키는 방식으로 영혼의 파편화된 상태를 재현하며, 상처를 하나의 「존재론적 사건」으로 확장한다.

흔적 없던 바람 가슴에 와 박혔다

말 없는 산천꽃 낙엽으로 울고 웃고
무딘 시간 묶언 띠 두르고 고목으로 서 있다

아련하던 모습마저 희미한
형상 지긋이 내려다보는 반달의
눈초리가 매섭다

어느새 부서진 반쪽의 영혼
둘러보니 본래 나인 것을 새삼스레
채우려는 욕망의 장난에 오늘 밤도 애달프다.

-「부서진 반쪽」 부분

 이경희 시인의 「부서진 반쪽」은 자아의 내밀한 균열을 자연의 상징적 장면 속에 담아내는 작품으로, 인간이 겪는 내적 파편화와 욕망의 굴레를 깊이 있게 탐구

윤기영

한다. 이 시는 단순한 서정의 차원을 넘어, 존재의 본질을 확인하는 철학적 서정시의 면모를 갖추고 있다.

이경희 시인의 「부서진 영혼」은 이미지와 상징의 농도가 높으면서도, 감정의 과잉을 절제한 채 내면의 균열을 조용히 드러낸다. 상처를 단순한 슬픔의 차원이 아니라 존재를 재구성하는 근원적 힘으로 바라보는 태도는 시인의 성숙한 사유를 보여준다. 무너진 영혼의 파편이 오히려 자아를 더 정교하게 비추는 거울이 되는 지점에서, 이 작품은 시집 속에서도 중요한 위치를 차지하는 '심층적 성찰의 시'로 읽힌다.

이경희 시인의 「부서진 반쪽」은 상처를 정면으로 응시하면서도 감정의 과잉을 억누르고, 절제된 언어로 영혼의 균열을 드러낸다. 이 시는 단순한 슬픔의 시가 아니라 존재의 파편화, 욕망의 구조, 자아의 본질을 탐구하는 깊은 서정시로서, 읽고 난 후에도 오래도록 마음에 남는 울림을 선사한다.
기형도의 시는 외로움과 소외감, 내면의 균열을 우울한 풍경 속에서 드러낸다.
이경희의 「부서진 영혼」 역시 바람·고목· 반달이라는 자연 풍경을 통해 내면을 비유적으로 노출한다.

김춘수의 "꽃"은 '이름을 불러주기 전에는 아무것도 아니었다'는 존재론을 제시한다.
이경희의 「부서진 영혼」 또한 "부서진 반쪽이 본래 나였음을" 발견하는 '존재의 본질'에 관한 사유를 담고 있다.

백석 시인의 시는 감정을 절제함으로써 슬픔이 더 깊어진다.
 이경희 시인의 「부서진 반쪽」 시 역시 "묵언 띠", "고목", "반달" 등으로 감정의 흐름을 '침묵'으로 처리한다.

우린 또 다른 이경희 시인의 시어를 감상할 시간이다
그가 가지고 있는 사유를 만나보자

내 마음 읽어주는 사람 있어 행복합니다
살아있는 잔잔한 숨소리에 행복합니다

당신의 고뇌에 찬 삶을 보듬을 수 있는
넓은 가슴이 있어 행복합니다

비바람에 맞서가며
세월은 속절없이 잘도 간다

수평선 붉게 물들인 수줍은 노을길 따라
유유히 가는 세월 믿고 흘러 가봄세.

-「삶의 여정」 부분

온 대지를 두드리니 촉촉이 환생의
기쁨으로 너도나도 마주 보며 눈웃음친다

썩어있던 시궁창 처마 밑
낙숫물이 시원하게 뚫어주고
아낙네 뭉쳐있던 응어리 눈물 옷 적신다

윤회하는
계절의 변화가
양 볼을 간지럽히고

윤기영

바람이 실어다 준 뭉게구름에
앉아 평온한 하룻길 비행한다.

-「윤회輪廻」 부분

 이경희 시인의 「윤회(輪廻)」는 자연의 움직임을 통해 환생과 순환의 의미를 시적으로 풀어낸 시이다. 인간의 삶을 인위적인 철학적 담론으로 설명하지 않고, 대지·낙숫물·구름·바람과 같은 자연 속에 담아내어 더욱 생생하고 촉촉한 이미지로 형상화한다. 그 결과, 윤회는 거대한 우주적 순환이 아니라, 우리가 살아가며 매일 경험하는 아주 작은 변화들 속에 이미 존재한다는 메시지를 건넨다.
 이경희 시인의 「삶의 여정」은 오래 걸어온 인생길을 돌아보며, 그 길 위에서 함께 마음을 읽어주고 마음을 나누어주는 존재의 소중함을 다시 확인하는 따뜻한 서정시이다. 시인은 거창한 인생철학 대신, 조용한 숨결과 작은 배려에서 얻어지는 삶의 근본적 행복을 담담하게 노래한다.

 이경희 시인의 「부서진 영혼」「부서진 반쪽」「삶의 여정」「윤회(輪廻)」는 인생 여정을 그리고 있는 잔잔함 울림의 기록이다. 시의 전체적으로 「윤회」는 거대한 우주적 순환을 일상의 풍경 속에서 읽어내며, 자연의 변화 속에 담긴 삶의 리듬과 재생의 순간을 아름답게 목도한 시이다. 막힌 것들이 뚫리고, 응어리진 마음이 젖어 풀리고, 계절이 얼굴을 간지럽히며 다시 시작을 알려주는 이 모든 과정은 삶이 본래 순환적이며, 그 순환 속에서 우리는 계속 새로워질 수 있다는 희망을 전한다.

삶의 순리 속에는 아름다운 눈으로 성찰하며 살아온 환경이 지배하고 있다. 그러나 지나온 거울 속에 비추는 추상적인 역경들은 인생을 살아가는 데 큰 도움이 된다. 시인의 마음은 어느덧 계절을 환기하며 문장의 온도를 유지하고 있음을 보여주고 있다. 우리는 타인의 고통을 이해하고, 자기 자신을 관용의 눈으로 바라볼 수 있다. 이는 미학의 본질, 즉 '아름다움이 존재하는 이유'를 설명해 준다. 흔들림 속에서 우리는 더 깊은 정서를 느끼고, 생의 결핍을 이해하며, 삶을 더욱 섬세하게 받아들이게 된다.

3

 인간이 살아가는 삶의 조건은 끊임없이 되새기는 내면의 숨결이다. 그리움의 대상은 모두 다르지만, 그 정점에는 늘 사랑과 기억, 그리고 시간이 남긴 온기가 있다. 우린 그 온도가 가지고 있는 시간을 통에 찾아 나선다. 그리움은 잃어버린 것이 아니라, 내 마음속에서 계속 살아 있는 존재에 대한 증거이며, 우리가 누구를 사랑했고 어떤 시간을 살아왔는지를 알려주는 표식이다. 눈앞에 존재하지 않지만, 마음속에서 여전히 움직이고 머무는 감정, 그 미묘한 떨림은 때로 추억을 불러오고 때로 미래의 소망을 일으킨다. 그래서 그리움은 과거와 현재, 그리고 도래할 시간을 하나의 선으로 잇는 보이지 않는 다리와도 같다.

 가장 근원적인 그리움의 대상은 늘 '사람'이다. 어머니의 손길, 아버지의 뒷모습, 떠나간 연인의 목소리, 멀어져간 친구의 웃음까지, 이들은 시간이 지나도 마음의 중심에 남아 우리를 흔들어 놓는다. 사람에 대한 그리움은 따뜻하고도 아픈 감정으로, 인간이 사랑하는 존재라는 사실을 증명해 준다.

우린 또 다른 시를 통해 감성을 읽어 보는 시간이다.

비릿한 언어
쏟아내는 망언 소리
가랑비에 옷 젖듯 눈물 고인다

자박자박 소리 밟고 처마 밑
낙숫물에 마음마저 젖어버린
바닥 애무하듯 보듬는다

휘파람 불며 지나가는 가을 비
둥지 없는 참새도 주저앉아
갈길몰라 방황하는 노숙자 같다

한 시절 슬픔 가득
머금던 짧은 통곡이었다
고추잠자리 비행에 지나간 설움도
코스모스길이 하늘하늘 웃어준다.

―「삶의 비」 부분

이경희 시인은 「삶의 비」는 자연의 비를 빌려 인간 내면의 고통과 위안을 동시에 포착한 작품이다. 시인은 '비'라는 일상적 자연현상을 삶의 언어로 전환해, 상처받은 마음이 어떻게 젖고, 다시 어떻게 치유의 길로 나아가는지를 섬세하게 보여준다.

두 번째 연에서는 「처마 및 낙숫물」이라는 이미지가 마음의 젖음을 더 깊이 드러낸다. 비가 바닥을 어루만지듯 '애무하듯 보듬는다'는 표현은 고통 속에서도 자연이 전하는 묘한 위로와 공감을 암시한다. 세상은 차갑지만, 자연은 언제나 곁에서 우리의 감정을 닦아주는 존재로 표현된다.

먹구름이 던져주던 흠뻑 젖은
요동치는 심상 누구를 원망하랴
갈 수 없는 보이지 않는 허망함이
목메게 차오르는 울분을 토해낸다

영원하지 않기에 아름다운 오늘
다시 오지 않기에 소중한 지금
아련한 모습조차 외면한 채
깊은 사연에 빠져든다

그녀의 수심 가득한 깊은 침묵은
강력한 힘을 지녔다 엄습 해오던
떨림의 순간은 유유히 지나 홍등
밝힌 서산의 붉은 미소가 앞길 터준다.

-「지나가는 비」부분

 이경희 시인은 「지나가는 비」는 한때 마음을 뒤흔들던 고통과 울분이, 결국 시간 속에서 흘러가며 새로운 빛을 열어주는 과정을 섬세하게 포착한 시이다. 시인은 '비'를 단순한 자연현상이 아닌, 인간 내면의 폭풍과 정화의 상징으로 사용하여 삶의 심리적 궤적을 그려낸다.

윤기영

우린 비를 통해 삶의 진리와 사랑의 온도로 절실한 삶이었나 물음을 던져 본다. 비는 언제나 우리 삶에 불현듯 찾아와 마음의 먼지를 씻어 내리는 존재다. 비가 내릴 때 세상은 잠시 멈춰 서고, 사람은 평소 외면하던 감정들을 조용히 들여다보게 된다. 그래서 비는 단순한 자연현상이 아니라, 마음을 두드리는 성찰의 문장이며, 삶을 다시 생각하게 하는 조용한 깨달음의 언어다. 「삶의 비」「지나가는 비」를 통해 비는 삶의 고난을 닮았다. 때론 억수같이 쏟아져 마음을 흔들어 놓지만, 그 강한 물줄기조차 결국은 그친다.

 폭우와 바람 뒤에 드러나는 들꽃의 미소, 먹구름을 밀어내고 떠오르는 붉은 저녁빛은 비로 인해 더욱 선명해진다. 시련이 지나야 비로소 알게 되는 빛의 가치처럼, 비는 삶이 우리에게 주는 시험과 깨달음을 상징한다. 비가 내리면 가장 먼저 세상의 소음이 줄어든다. 그 적막 속에서 우리는 내면의 소리를 듣게 된다. 빗방울 하나하나가 지친 마음을 다녹이는 듯 떨어시고, 오래 묵혀 두었던 슬픔과 응어리도 함께 젖어든다. 비는 아픈 기억을 떠올리게도 하지만, 동시에 그 기억을 씻어낼 기회를 주는 존재이다. 흐르는 빗물처럼 감정도 흘려보낼 수 있음을 알려준다.

 화자는 비를 통해 무엇을 발견했을까?
삶의 고통 뒤에는 새로운 시작을 알리는 성찰의 언어가 존재한다는 사실들이 또 다른 문장을 기다리게 하는 것이다.

사랑 세월은 흐르고 흘러
아름다운 죄로 살아온 여정이
노을 앞에 아롱지네

달이 해를 가리듯이
겨우 엮어 낸 추억 몇 개를
달구어진 달빛에 녹여내며
사라질 것을 부여잡고 애태우던
시절 또한 허허로움이어라

물을 넘치게 하는 것은
마지막 한 방울로넘치는 대로 버린다

사랑 항아리에 담긴
아름다운 죄 후회는 하지 마시게나.

-「아름다운 죄」부분

  이경희 시인의 「아름다운 죄」는 지나온 사랑의 시간을 '죄'라는 역설적 표현으로 포착해, 인간의 감정이 지닌 아름다움과 불가피한 상처의 흔적을 동시에 품어낸 작품이다. 사랑이라는 감정이 완전하지도, 영원하지도 않지만, 그 불완전한 속에서 더욱 값진 의미가 생겨난다는 시인의 고백이 고요하게 흐른다.

「사랑 세월은 흐르고 흘러/ 아름다운 죄로 살아온 여정」이라는 구절은 이미 시간이 만든 결론을 암시한다. 사랑은 잘못도 죄도 아니지만, 지나고 돌아보면 후회와 아픔, 미련과 집착이 뒤섞여 스스로에게 죄처럼 남는다. 그러나 그 '죄'는 미움이 아닌, 되레 인생을 아름답게 비추는 추억이라는 사실을 감각적으로 드러낸다. 노을 앞에 아롱진다는 표현이 사랑의 그림자를 더욱 따뜻하게 감싸 안는다.

윤기영

이 세상에서 제일 소중한
감히 누구도 거부할 수 없는 지폐
여기저기 갑질을 하고 돌아 다녀본다

이 집에는 복이 많아 넘치고
저 집에는 늘 모자란다
공평한 세상 똑같이 주고 싶다

하루도 못 산다고
부지런함 없이 지혜롭지
못한 자 어찌 가지려 하는가

운명이라고 포기하는 자
존재는 사람 있는 곳이면
늘 입방아에 오른다.

-「존재」 부분

  이경희 시인의 「존재」는 '지폐'라는 일상적 사물을 중심에 놓고, 인간 사회의 가치와 욕망을 비판적으로 비추어 낸 사회적 성찰 시이다. 시인은 돈을 의인화해, 그것이 사람들 사이에서 어떻게 힘을 행사하며, 어떤 평가와 기준을 만드느냐를 통해 인간 존재의 민낯을 드러낸다.

「감히 누구도 거부할 수 없는 지폐」라는 구절은 돈이 가진 절대적 권력을 직설적으로 보여준다. 인간은 신념이나 도덕보다도 때로는 금전적 가치를 우선시하며, 그 권력 앞에서 쉽게 흔들리고 복종한다. '갑질을 하고 돌아다닌다'라는 표현은 지폐가 가진 힘이 사람의 성격과 행동을 비뚤어지게 만들 수 있음을 풍자적으로 드러낸다.

시가 전하는 메시지는 분명하다.

삶 속에는 모순으로 가득 차 있지만 그 속에서 인간은 사랑하고, 후회하고, 실수하고, 다시 일어서며 살아간다. 그야말로 인간의 가장 진실한 모습을 비추는 공간이며, 결국 우리가 떠나지 못하는 이유도 그 사랑과 인연이 있기 때문이다. 시속의 삶은 늘 복잡하게 얽힌 인간의 욕망과 관계 속에서 흔들리며 살아가는 존재의 모습을 보여준다. 사람은 누구나 믿음 속에서 살아가고 싶어 한다. 시에서 말하는 믿음은 단순히 세상살이의 번잡함이 아니라, 내가 누구인지, 무엇을 좇고 무엇을 놓아야 하는지를 깨닫게 하는 현실의 풍경은 자신으로부터 자신을 보호하는 삶이 중요한 요소들로 자리 잡고 있음을 전하고 있다.

4

「흔들림을 잡아주는 미학의 성찰」

흔들림은 인간 삶에서 피할 수 없는 조건이다. 어느 누구도 자신의 내면이 단단하기만 한 순간을 오래 유지할 수 없다. 바람이 나무를 흔들어야 더 깊이 뿌리내리듯, 인간도 흔들림 속에서 비로소 자신의 본질을 마주하게 된다. 이 작품이 말하는 '미학의 성찰'은 바로 그 흔들림을 받아들이고, 그것을 통해 마음의 균형을 찾아가는 과정의 아름다움을 말한다.

흔들림은 결코 약함의 징표가 아니라, 성장의 진동이다. 불안 때문에 흔들리고, 사랑 때문에 흔들리고, 욕망 때문에 흔들리지만, 그 흔들림 속에서 인간은 자신에게 필요한 무게를 배운다. 그 무게는 억압이 아니라 중심을 잡아주는 힘이며, 작품은 이 순간을 미학적 시선으로 바라본다. 흔들림을 피하지 않고 관찰하는 태도 자체가 이미 성찰의 시작이다. 예술의 세계에서도 흔들림은 중요한 의미를 가진다. 안정된 선보다 흔들리는 선이 더 깊은 진실을 말할 때가 있다. 완벽한 구조보다 약간의 틈이 더 큰 울림을 준다. 이 성찰은 인간의 삶에도 그대로 이어진다. 완벽을 추구하는 순간보다, 불안 속에서 균형을 잡아가는 과정이 더 아름답다. 흔들림은 우리를 깨뜨리는 것이 아니라, 우리의 결을 드러내는 작업이다.

매서운 바람이 툭 치고
저 바람이 평화를 휩쓸어
굴려 떨어트린다

메마른 손으로 든든한 주춧돌 큰아들
등에 업고 불쌍한 큰딸 안아 얹어 놓고
보기만 해도 아려오는 작은딸도 포갠다

한도랑 옮기며 허리 한번
펴니 반평생 서러워 충혈된
서산 붉게 물들인다

이방인처럼 갈 곳 몰라
떠돌아다니던 무너진 조국 방패막이를
차곡차곡 쌓아 올린 가족 한
서린 맺힘을 옛이야기로 풀어낸다.

-「외外 바람」 부분

 이경희 시인의 「외外 바람」은 자연의 '바람'을 통해 한 가족이 견뎌 온 생의 역사를 드러내는 서정적이면서도 민족적 정서가 짙게 흐르는 작품이다. 이 시에서 바람은 단순한 기상현상이 아니라, 시대적 폭력과 운명의 굴곡, 그리고 가족이 맞아야 했던 자비 없는 현실의 상징은 민족적 기억으로 이어지는 정서의 층위를 통해, 한 가족이 역사 속에서 어떻게 살아남았는지를 보여준다.

바람에 밀려 산 넘고 강 건너
사연 많은 보따리 풀어 놓은
부둣가는 애증을 갈구한다

날아다니던 청춘 패인
가슴골에 아픔을 묻고
어느새 친숙해진 붉은 구름다리
홀로 건넌다

축 처진 날갯짓으로
익숙한 설움에 빠져들어 간
눈동자 아리고 아리다

-「황혼」 부분

 이경희 시인의 「황혼」은 한 인간이 살아온 세월의 마지막 언덕에서, 지나온 시간의 상처와 아픔을 되돌아보는 서정적이고도 깊은 회한의 시다. 시인은 황혼을 단순한 저녁의 풍경이 아니라, 한 생애의 마지막 빛으로 설정하여, 자신의 삶이 지나온 길을 자연 풍경 속에 녹여낸다.

 우리가 주목해야 하는 시의 여행은 시인의 삶도 중요하지만 앞으로 어떤 환경에서 시와 여행하며 잃어버린 시간을 채울 것인가에 대한 질문이 필요하다.

윤기영

「외外 바람」 외부에서 들이닥친 바람(시대적 폭력, 전쟁, 가난)이 가족의 삶을 흔들고, 생존을 위해 떠돌며 살아야 했던 역사의 무게가 나타난다. 바람은 「조국 붕괴, 떠돌이 같은 삶, 가족의 짐」을 의미한다.

「황혼」 설음은 청춘의 패임, 개인이 감당해 온 아픔 나이를 먹으며 스스로 감내해야 하는 그 싸움이 끝난 뒤 찾아오는 조용한 성찰이다.

 바람에 휩쓸리며 흔들렸던 삶은 결국 가족이라는 울타리 속에서 다져지고, 그 흔들림 속에서 다시 일어선 인간의 강인함이 이 시의 진정한 여운을 만든다. 황혼의 빛은 하루의 끝을 의미하지만, 동시에 자신의 삶을 바라볼 수 있는 가장 투명한 순간이다. 이 시는 그 순간의 고요한 아픔을 섬세한 이미지로 드러내며, 읽는 이를 조용한 감정의 여운 속으로 이끄는 진정한 삶의 조명해 보는 시간으로 성찰해 본다.

 이제 이경희 시인의 시집을 마무리하며, 그의 시 세계가 지닌 본질적 의미를 다시금 짚어볼 필요가 있다. 이경희 시인은 계절의 흐름 속에 내재된 자연의 이치를 시적 감성으로 포착하며, 순수한 언어의 진리에 근거한 사유의 지평을 꾸준히 확장해 왔다. 그의 시에서 발견되는 감정의 결은 단순한 서정의 표출을 넘어, 인간 존재가 겪는 희망·상처·회복의 과정을 자연의 순환과 겹쳐 해석하려는 시적 의지가 담겨 있다.

 특히 계절성을 기반으로 한 그의 서정적 접근은, 시적 자아가 세계와 관계 맺는 방식을 명확히 드러낸다.

자연과 인간, 시간과 존재의 상호 교류 속에서 그는 언어를 지속적으로 정제하며, 그 과정에서 시적 감수성의 본질을 추구해 간다. 이는 단순한 개인적 체험의 기록을 넘어, 보편적 삶을 해석하는 하나의 미학적 틀로 기능한다.

 이경희 시인은 '서정'이라는 시 장르의 전통적 틀 안에서 머무르지 않는다. 그는 자연의 징후와 일상의 흔들림 속에서 새로운 감정의 단면을 포착하며, 이를 통해 시적 주체가 세계를 읽어내는 방식을 보다 확장된 관점으로 제시한다. 그의 작품 전반에 흐르는 성찰적 감수성은, 결국 인간사가 품고 있는 본질적 진실, 기쁨과 슬픔, 희망과 체념, 순환과 지속을 담담히 드러내는 데에 목적을 두고 있다.

 결국, 이 시집은 서정시가 지닌 영원성을 다시 확인하게 해주는 성취이다. 자연과 인간의 내면을 동시에 응시하는 이경희 시인의 시적 세계는, 독자로 하여금 삶의 근원을 되묻게 하는 사유의 장을 제공한다. 그의 시집 출간은 단순한 발표의 의미를 넘어, 한국 서정시의 한 갈래가 품고 있는 순도 높은 정신을 재확인하게 하는 중요한 문학적 사건이라 할 수 있다.
출간을 진심으로 축하한다.

윤기영

창작동네 시인선 200

마음이 걷는다

인   쇄 : 초판인쇄 2025년 12월 10일
지은이 : 이경희
펴낸이 : 윤기영
편집장 : 정설연
펴낸곳 : 노트북 출판사_
등   록 : 제 305-2012-000048호
본   사 : 서울시 동대문구 사가정로 256-4호 나동 B101
전   화 : 02-831-5832 팩시밀리 02-844-5756
H   P : 010-8263-8233
이메일 : hdpoem55@hanmail.net
판   형 : 신한국판형 P144 130-210

2025년 12월 10일 마음이 걷는다 이경희 제1집

정 가 : 12,000원

ISBN : 979-11-24140-01-7-03810

*저자와의 협의로 인지는 생략합니다.
*잘못된 책은 교환해 드립니다.